REMARQUES
SUR LA PARTIE DE LA RELATION DU VOYAGE
DU CAPITAINE COOK, QUI CONCERNE
LE DÉTROIT ENTRE
L'ASIE ET L'AMÉRIQUE.
DANS UNE LETTRE ADRESSÉE À M. D***
PAR
Mr. LE BAILLIF ENGEL.

Traduite de l'allemand & augmentée; pouvant servir de suite au
Mémoire du même auteur de 1779.

Avec une carte dressée avec soin.

Le prix est de 25 ſ. de France.

A BERNE,
Imprimé chez F. SAMUEL FETSCHERIN, Impr. de la nouvelle Société Typogr.

1781.

* * *

La recenfion du Mémoire de 1779. faite par Mr. de la Lande, fe trouve dans le Journal des Sçavans du mois d'Aouft 1780.

* * *

AVIS DE L'AUTEUR.

D'un affez grand nombre d'ouvrages, que j'ai publiés, celui-ci eft le plus fuccinct, & pourtant m'a donné le plus de peine & de chagrin; ce qui eft la caufe que j'en dois rendre raifon ici; on voit par la lettre même, que je m'y fuis trouvé forcé, fi je ne voulois pas rifquer de me trouver le facrifice de la mauvaife volonté de l'auteur de l'article du 21. janvier 1780. dans les gazettes de Mr. Bufching, & dans celle de Leyden de l'article concernant le Cap. Cook, pour moi, & de la maniere rufée dont il s'y prit, à l'occafion de la dite relation, autant qu'il a pu communiquer, en fupprimant le détail de ce qui m'importe, mais le donnant fimplement pour avéré & connu comme tel; & partout veut me faire regarder comme un homme non feulement capable de foutenir des menfonges, mais que l'inclination de penfer mal, & de donner des fufpicions point fondées pour des vérités, m'étoit naturelle & prévaloit fur la vérité.

Ceci étant la plus forte calomnie qu'on puiffe inventer, & la plus oppofée à la vérité, j'aurois voulu me juftifier dans l'efprit des lecteurs, qui ne me connoiffent pas; & le paffé m'ayant fait comprendre que je ne réuffirois pas en donnant les raifons les plus évidentes du contraire, il ne me reftoit plus que de le prouver par quelques faits entiérement oppofés; encore n'étois je pas réfolu de publier ma défenfe; j'ai un ami de grand mérite, depuis longtems en commerce de lettres avec moi, d'autant plus qu'il montroit auffi de la paffion pour les découvertes géographiques; on verra dans la lettre même, en gros, ce qui s'eft paffé: & qu'il ne pouvoit douter, par tout ce que Mr. B. a fait & écrit précédemment, ce ne pouvoit être que lui qui a donné cet article, ou fupplément des gazettes; que ce ne pouvoit être Mr. Pallas, qui ne pouvoit me connoître fur un pied à vouloir me traiter fi mal, & me taxer de calomnie, ou de menfonge; ou qu'en m'accufant d'avoir agi ainfi, & difant que je ne traiterai pas de même à préfent les Anglois, c'eft moi qui en ferois capable, par des accufations injuftes & injuricufes. Que Mr. B. voyant que j'avalai tout ce qu'il m'avoit dit en 1777. fans y répondre, a cru pouvoir me donner une dofe auffi ou plus forte, fans que je me reveillaffe; que par là tout le monde devoit néceffairement croire qu'on ne m'accufoit pas à tort, & auroit des idées finiftres & fauffes de ma maniere, ordinaire même, de penfer; dont, fur tout me trouvant à la fin de ma vie, je ne pourrois plus me juftifier & les porterois avec moi au tombeau. Cela ne pouvoit que me convaincre que je manquois, pechois même contre moi, en négligeant de défendre mon honneur fi fortement bleffé, & laiffé anéanti quafi chez un grand nombre, faute de me connoitre & pouvoir me rendre juftice: que je ne pourrois réuffir, qu'en me faifant connoître par des faits avérez & honorables. Je ne pouvois y contredire, excepté que je ne pouvois me réfoudre, qu'alors je le publierai; de crainte que quelque ami, tel que Mr. B. fcilicet, ne tournât ceci de toute maniere, pour tirer la conféquence à ma charge, que j'avois un orgueil & amour propre infini. Mon ami ne faifoit que s'en révolter, & me demandoit fi j'aimois donc mieux d'être cru partout un homme qui calomnioit fon prochain par inclination naturelle & par coutume, que de rifquer quelque blame injufte; outre que perfonne d'impartial ne le trouveroit mauvais, il me cita un paffage d'un auteur vénerable, où il dit: "*quand je voudrois me glorifier, je ne ferois point imprudent, car je dirai la vérité*," & plus bas où l'on voit qu'il n'a pas pû s'en abftenir, comme il fe propofoit, il crut pouvoir affez s'en juftifier, en difant: "*j'ai été imprudent en me glorifiant, mais vous m'y avez contraint.*" Si donc un homme faint a parlé ainfi, je pourrai dire la même chofe, de mes antagoniftes.

Encore Mr. Muller même, comme premier auteur de cette difcorde, s'il vouloit dire fimplement ce qui s'eft paffé, me juftifieroit.

Depuis paffé 40 ans, je me fuis fait un plaifir, & une forte occupation, à ne négliger ni peine ni dépenfe pour découvrir ce qu'il y a de plus intéreffant dans la géographie, mais particuliérement dans les parties boréales du Globe, & pour la route qu'on y cherche depuis deux fiécles: ayant eu connoiffance de ce que Mr. Muller a recueilli, foit

en propre personne, soit par permission & ordre de la Cour de Russie dans les archives de la Sibérie, à Jakoutsk, &c. j'eus une joie inexprimable; je le regardois par son authenticité & exactitude, comme un tréfor que j'allois aquérir, & par une estime peu commune pour Mr. Muller, dont je tachai d'obtenir quelque part dans son amitié, je lui écrivis le 27. Decemb. 1770; on peut juger si ma lettre devoit être offensante; malheureusement je ne connoissois pas jusqu'où il poussoit son amour propre; j'agissois en franc Suisse, & dis franchement ce que je trouvois de douteux dans plusieurs faits, lui demandant explication, communiquant mes idées, sur quoi elles se fondoient, & l'invitant d'agir de concert pour réussir dans ce projet de la route par le N. &c. J'espérai une réponse; n'en ayant pas, j'attribuai son silence au grand éloignement & à ses occupations, sans me douter du motif que j'éprouvai ensuite, & qu'il prit pour une imputation des plus injurieuses, lorsque je supposois que la Cour ne vouloit pas publier tout le détail des découvertes faites; puisque les nations qui sont dans le cas, agissent par une politique réfléchie, pour garder par devers elles le grand avantage que ces découvertes procurent; si bien, que conservant la même idée, & le même désir de les pousser plus loin, même au profit des Russes, puisqu'ils étoient actuellement les seuls qui s'y appliquoient, j'écrivis une lettre en Cour le 31. Dec. 1771. à Mr. le Comte d'Orlow, grand Maître, le Ministre le plus accrédité; & pour la faire parvenir sûrement, je la remis à son frère, alors demeurant à Vevay, dans nôtre Etat, qui me promit de la lui expédier: il m'avisa du départ de la lettre par main sûre, & de son arrivée; dans cette lettre je parlai ouvertement du mystére qu'on faisoit, & des raisons fondées qu'on en avoit; & ajoutai des réfléxions que je crus avantageuses sans soupçonner un moment qu'on pût le trouver mauvais; & j'avois raison; Mr. Busching n'y songeoit pas non plus; se proposant de donner une récension de mes mémoires; attendant d'en apprendre le jugement de Mr. M. Celui-ci tardant trop longtems à son gré, il la donna dans le premier vol. de ses feuilles hebdomadaires 1773. p. 297 & f. lorsqu'il traite l'article où je soupçonne les Russes d'avoir caché leurs découvertes en grande partie, il dit p. 302: "Posé que la Cour Russe, sous l'impé-
„ratrice Elisabeth, eût caché une partie de ses découvertes vers le N.

„ & N. E., elle auroit fuivi l'exemple des Efpagnols, Hollandois, „ Anglois & autres nations, qui ont fait myſtére de leurs découvertes, „ foit toujours, foit du moins pour un tems." M. B. juſtifie donc & excufe la Cour Ruffe, fans foupçonner même que Mr. Muller; dans la lettre que Mr. B. attendoit, m'en feroit un grand crime de mon imputation; il aura donc été très-mortifié de n'avoir pu le prévoir, pour ne pas irriter Mr. Muller; mais celui-ci ayant dit au commencement de cette lettre (que Mr. B. n'a pas jugé à propos d'inférer), que je lui avois écrit, & trouve mauvais, injurieux même, que j'aye ofé lui marquer mes fentimens, lorfqu'ils différent des fiens, Mr. B. ayant appris de moi & compris que je ne pourrois paffer fous filence les imputations & expreffions les plus offenfantes, crut que par fes excufes & explications, il pourroit faire renaître la paix entre M. M. & moi; & le déclarant ainfi, je lui déclarai de mon coté que fouhaitant de ne pas faire de la peine à qui que ce foit, malgré que les expreffions de Mr. M. étoient inexcufables, je ne voulois point me vanger fur lui, pourvu qu'il adoptât cette explication de Mr. B., & je ne doutai pas qu'il ne le fît confentir, fortant à fi bon marché des fuites de fon offenfe fi grave; rien ne fe fit, & alors je me juftifiai d'une maniere qui auroit pu irriter Mr. M.; Mr. B. me pria de vouloir bien l'effacer, ou lui permettre de le faire. Je déclarai de nouveau que je me contenterois, fi Mr. M. déclaroit que l'explication que Mr. B. donnoit, étoit précifément comme il l'avoit entendu & compris: fans demander d'autre fatisfaction: mais ne la tenant que de Mr. Bufching, Mr. Muller en feroit un ufage, par lequel la calomnie & mon déshonneur ne pourroit jamais être effacé, mais plûtôt fortifié, ou que fi on croyoit, qu'en effet Mr. Muller l'avoit approuvé, il le nieroit, & l'expliqueroit, comme fi je trouvois fuffifante cette déclaration de Mr. B. & avouois tout ce qui avoit été dit contre moi, qui étoit au-deffous de ce prétendu grand Seigneur, d'appaifer un homme, quoique de ma condition, fi baffe, (en comparaifon de la fienne fur tout au commencement de fes efforts pour faire fortune.) On ne fçauroit douter de l'intention inébranlable de Mr. Muller que cette tache, par laquelle il m'avoit noirci, fût ineffaçable, ne voulant pas permettre, qu'on y adaptât l'explication de M. Bufching, malgré qu'il eut avis de ma réponfe qui lui rendit la pareille, & que j'avois permis à Mr. B. d'effacer, si Mr. M. consentoit à l'explication de Mr. B.; non! il voulut que je l'effaçasse, & que ses imputations déshonorantes subsistassent; que chacun décide qui de nous deux avoit raison de se plaindre.

Mon ami fut mécontent de mes scrupules; & après qu'il eut fondu toutes mes lettres en une seule, il m'apprit que ne voulant plus attendre il avoit négocié avec quelqu'un, pour l'imprimer à ses dépens, que si je voulois y ajouter quelque chose, je devois l'envoyer promtement, ayant tout prêt pour l'impression; sur quoi j'envoyai dans l'instant le supplément, page 27 de l'édition allemande.

Quelques Anglois, François, Hollandois en eurent connoissance, & insisterent pour que j'en donnasse une traduction, accompagnée d'une double petite carte de l'objet de l'imputation de Mr. B. Je le goutai, sentant comme tout autre, qu'une réprésentation gravée & mise sous les yeux du lecteur, étoit bien plus frappante & convainquante, que toute autre description & raisonnement : Je donnai donc, d'un coté l'esquisse, que Mr. Barrington avoit tirée sur celle que feu Cooke avoit fait parvenir à l'Amirauté d'Angleterre; de l'autre, un extrait de ma derniere carte que j'ai publiée en 1777, afin de pouvoir me servir de la même façon de prouver que lui, mais avec bien plus de raison, en disant : que dira à present Mr. B. sur la position, que soit lui dans sa grande carte imprimée à Berlin, soit Mr. Muller dans les siennes, soit d'autres Russes dans les leurs, en particulier Mrs. Trescot & Schmid, ont donnée aussi en 1777 ? ne sera ce pas la mienne qui est conforme pour le principal article, de la situation & entrée du détroit, à celle de Mr. Cook ? l'inspection en décidera.

Pour ôter tout prétexte, que la mienne n'est pas conforme à celle de Cook, au-dessous du 67. lat. je l'avouerai, & je soutiens que la mienne est juste; étant conforme à toutes les bonnes cartes, que j'ai suivies; les côtes allant du N. E. au S. O. jusqu'à l'extrémité vers les 53°, Cook n'a point longé cette côte, depuis la place de la côte de la Sibérie, où il s'est retiré, pour éviter d'être enfermé par les glaces au 70°. 40′, qui flottantes & non fermées l'en menaçoient, est revenu vers le détroit & y est entré, comme Mr. B. le rapporte lui même, sans être empêché par les glaces; a tiré au Sud, a atteint l'Isle de Unalaschka, enfin celle d'Owaihé, à-peu-près à la même latitude que Ota-hiti; enfin le griffonnage de Cook envoyé à l'Amirauté, copié de même par Mr. Barrington, ni l'un ni l'autre ne sachant dessiner, ne l'ayant jamais appris, il suffisoit qu'on eut exactement su marquer les côtes, caps, distances, &c. car s'il falloit toûjours un dessinateur habile, de 100, peut-être de 1000 cartes on n'auroit qu'une qui seroit reputée bonne; & comme il s'agit ici seulement, à ce que Mr. B. dit, *de la situation du détroit*, qui ne peut concerner que les côtes depuis les extrémités de l'Asie & de l'Amérique, au 65.° ou environ, de la côte asiatique, les plus méridionales n'étant pas en conteste, tout sera decidé; si Mr. B. le nie, qu'il donne aussi des autres, ci-dessus, pour que chacun en puisse décider impartialement; sans-doute qu'il ne le fera pas, sur-tout la sienne de 1769 & autres, qui ont omis tout-à-fait le détroit, & pourtant il blame la situation que j'y donne, comme s'il valoit mieux de n'en point indiquer du tout. Il est arrivé un fait, que je n'avois pas prévu, & que je juge d'une importance à devoir être communiqué, & comme de coutume, sans en omettre ce qui peut-être tourné contre moi.

Parmi mes correspondants & amis à Londres, il y en avoit un qui me tenoit sur les avis de tout ce qu'il pouvoit découvrir d'analogue à mes recherches, & celui-ci en a abandonné le séjour depuis 3 ans; il me restoit Mr. Barrington, qui s'intéressant autant que moi à ces recherches, & ayant tous les moyens nécessaires pour y réussir comme on le voit dans mes derniers ouvrages, & dont Mr. B. paroît faire grand cas dans ses feuilles. Enfin il y eut un autre grand & célèbre sçavant, qui s'enfonce dans les sciences, on peut dire même abstraites, auxquelles après avoir satisfait à ses fonctions à la Cour, il se donne uniquement: son amitié si zelée pour moi l'a engagé depuis près de 8 ans à faire connoissance avec ceux qui ont été aux découvertes, d'autant plus facilement qu'il en a vû la plûpart dans les assemblées de la Société-Royale; Mr. Barrington, qui auroit voulu me faire part de tout, & pourtant étant obligé de s'absenter une grande partie de l'année, par les occupations de sa charge, a fait de concert avec lui, tout le possible pour me donner des rélations & explications; Mr. Barr. ayant dès lors été encore absent l'été & automne derniere, l'autre ami sentant le chagrin très-vif que j'aurois, si je manquois de bonnes rélations des 2 vaisseaux de Cook

& de Clarke qu'on attendoit à tout moment, il pria des amis furs de l'avertir dans fa cellule de cette arrivée, & comment s'y prendre. Il y réuffit, & m'écrivit le 6 Oct. dernier, qu'il s'étoit arrangé de façon à pouvoir dîner avec le Cap. King, le fecond de feu Cook, pour avoir tout le tems de s'entretenir avec lui, & qu'il alloit m'en rapporter ce qui lui été refté dans la mémoire. Il m'annonce d'avance, que l'efpérance quelconque de la réuffite eft entiérement detruite, en ajoutant un extrait de rélation que voici. Je fentai que généralement on feroit prévenu en faveur de la rélation d'un témoin oculaire ; je le ferois moi même, fi les faits ne fuffent en partie contredits, foit par des cartes & rélations inconteftables, adoptées généralement quant au principal ; même par la rélation & carte de Cook, & que King en donne de fi abfurdes, que je n'ofe l'attribuer à quel homme que ce foit, & par cette raifon je fupprime le nom de mon ami.

King nomme l'endroit au 70^l 40^l latit. un enfoncement, golfe ou détroit ; il dit, que ne pouvant pénétrer nulle part, ils font redefcendu le long de l'Afie fans trouver aucune autre apparence d'ouverture que celle-ci. Cook par contre dit, qu'étant parvenu au-dit endroit, fans parler ni de golfe ni d'enfoncement, mais qu'il étoit fi promptement entouré de glaces, que pour ne pas être enfermé tout-à-fait, il fe hâta de faire voile vers le O. aborda aux côtes de la Sibérie à 68^l. 55^l. lat. 180. longit. d'où fuppofant qu'il ne pouvoit trouver de paffage non plus, (parce qu'il a agi comme tous ceux qui craignant la pleine mer, longeoient les côtes, infiniment plus à craindre, felon le témoignage de tous les meilleurs mariniers, & l'expérience journaliere d'aujourd'hui encore) il reprit donc fa route vers le détroit, le defcendit jufqu'à l'Isle d'Unalafchka au 53°. 55^l. lat. 192. longit. & nulle part il ne fe plaint de glaces ; calculons un peu de 198. à 180°. longit. font, 18°. à cette latit. 6¾ lieues le degré font paffé 121 lieues ; au retour. Pofons l'entrée du détroit au 188 de longit. ou 8°. foit 54 lieues ; enfemble 175 lieues, que Cook a fait, fans fe plaindre aucunement des glaces ; fans parler du détroit même ; & voilà que King veut douter de l'exiftence du détroit, ayant dit à mon ami qu'il comptoit que de ce pretendu golfe ou enfoncement à 70°. la terre fe tournoit vers le O., & ne faifoit qu'un même continent de l'Afie & de l'Amérique ; malgré les fentimens fi divers fur les situations du détroit, pas un seul n'en nie l'exiſtence, excepté ceux qui ſuppoſent une grande étendue d'eau entre ces 2 parties du monde; par ex. encore cette carte de Treſcot & Schmid, où la partie la plus au N. E. de l'Aſie ſe trouve à 192° longit. environ 73 lat. de là une étendue de mer, juſqu'au 225, ſans terre, la plus grande longit. de l'Aſie, vers l'Eſt s'y trouve à 201. ou 202°. & la fin de l'étendue de la mer un peu plus, dans la lat. de 66° point de terre nulle part; où reſtera donc cette portion de terre, de King, qui joint le prétendu continent de glace, depuis le 70 juſqu'au pole? où Cook a-t-il navigué dans ces parages ci-deſſus? où lui & Clarke ont ils puiſé l'eſpérance de réuſſir, l'année ſuivante dans la recherche du paſſage? il avoua qu'ils ont ſenti que la dite glace, qui s'étendoit juſqu'au pole, ſe mouvoit un peu; je n'en dirai rien; il faut qu'il n'ait jamais lû ni entendu les rélations de ceux qui ont navigué dans la mer glaciale, & aux environs des champs &c. de glace — encore de nos jours; il adopte pourtant l'opinion, que l'Amérique s'étend 15° plus à l'Oueſt, qu'on ne la marque. Il dit avoir lû mes mémoires, que Cook avoit avec lui; il trouve mon opinion ſpécieuſe, mais nie les faits, qui ſont pourtant prouvez.

Il dit que les cartes Ruſſes ſont ſenſiblement exactes. J'en laiſſe juger tous ceux qui ont la moindre notion géographique de ces parages, & parties du monde, par les rélations authentiques.

Je finis par une idée de King, qui en peut fournir ſur ſes connoiſſances & ſon bon ſens. Il a dit, comme mon ami me l'a marqué mot à mot: " Que cette rélation des matelots Ruſſes, du Prof. le Roi, & quel-
„ que choſe qu'on a ajouté dans la traduction Angloiſe, ſont des fables,
„ contre leſquelles ils (King & ſes compagnons) ſont fort en colére,
„ parce qu'ils ont perdu du tems à vérifier certaines poſitions portées
„ dans ce petit ouvrage, & les ont trouvées toutes fauſſes." Je ſuis ſi accoutumé à voir nier ce qu'il y a de mieux prouvé, & ſoutenir ce qui n'a pas une ombre de preuve, que je ne dirois rien, ſur tout puiſque dans mon dernier mémoire de 1779. il y a tant de preuves en faveur de cette rélation qu'une ſeule ſuffiroit pour prouver ſans réplique; mais il faut donner un exemple ſans exemple, pour en amuſer le lecteur, d'un manque de bon ſens inouï. King dit n'avoir été que du coté de l'Amérique, de même que Cook: dans ce golfe de glace &c. de là allé

par

par le détroit, le long de la côte afiatique, ainfi entre 188 & 198 longitude; l'isle des 4 matelots, entre 35 & 44° auffi longitude; ils fe font donné beaucoup de peine à plus de 15° degré, ou plus de 1000 lieues plus à l'Eft, de vérifier la relation, & fe font vu trompez, & la rélation fauffe.

Si Mr. King vouloit appliquer l'erreur feulement à la traduction angloife, le bon fens ne s'y retrouveroit pas. Lorfque la relation parut en 1766, je crus l'année fuivante qu'elle feroit connue à Paris & à Londres; je m'y rapportai fur certains faits; ni Mr. Barrington, ni Mr. Robert de Vaugondi, célèbre géographe du Roi de France n'en eut la moindre connoiffance; je leur en fis part, & Mr. Barr. la trouva fi importante, qu'il la donna en anglois. Comment un tel fçavant auffi paffionné pour ces découvertes que moi, & auffi inftruit que lui y auroit fait entrer des erreurs & fi groffieres, n'y étant parlé que de leur départ de la Ruffie, comme ils ont été jetté fur ce Maloy Broun, foit Spitzberg oriental; y ont trouvé la Cabane, qu'ils préfumoient y être; furent fauvez par un vaiffeau qui y paffa par hafard, amené à Archangel, un autre vaiffeau Ruffe y prenant leur Cabane en poffeffion; fans parler d'aucun autre parage, isle ou terre; on y a pu chercher à 1000 lieues de là, fi cette relation étoit authentique; quelle fottife! j'en laiffe les réflexions au lecteur.

TRADUCTION

DES

REMARQUES DE M. LE B. ENGEL.

Monfieur mon refpectable ami!

Votre filence m'a caufé plus de peine que d'étonnement. Je fais cependant que vous êtes toujours animé du même zèle, à vous inftruire de toutes les tentatives qu'on a faites jufqu'ici, pour trouver un paffage au

Japan & à la Chine par la mer du Nord. De toutes les nations, aucune ne s'en eft plus occupée que les Ruffes, dont on tient par-ci par-là quelque rogaton; l'expédition de quelque vaiffeaux, les noms de leurs Voyages, de leurs Capitaines, leur deftination, tems de leur départ &c. fans qu'on puiffe obtenir la moindre relation détaillée : cela n'a point empêché Mr. Muller, & fon fi aveuglement devoué Mr. Bufching de m'imputer fans ceffe comme un crime d'avoir ofé avancer, que les Ruffes font myftere de leurs découvertes, & ont cru me faire peur du reffentiment de la Cour, quoique je l'aye prévenu, en m'accufant moi même auprès du Miniftre, & grand Maître Comte d'Orlow, au nom fi on veut, de l'Impératrice même, foutenant ce myftere, & l'approuvant quant à une puiffance qui agit pour fes propres interêts, fa politique connue partout, adoptée; un des Mrs. les Comtes d'Orlow s'étant fixé alors pour un tems à Vevay, s'en étant chargé, & ayant affuré qu'il l'avoit envoyé furement à Mr. le grand Maître, à qui la lettre étoit parvenue; la Cour y a vu plutôt combien je fouhaiterois de lui être utile, qu'un deffein de l'offenfer. Il n'y a que Mr. Muller qui l'ait cru, parce qu'il fe trouvoit choqué lui même, vu que lui en paroit l'auteur, dans le tems que j'ai taché de l'en difculper. Leurs cris ont redoublé après la publication de quelques cartes, fur tout de la grande carte académique, par Mrs. Treskot & Schmid, dont nous parlerons plus bas. Plufieurs de mes amis célèbres dans la république des lettres, foit d'Hollande, foit d'Angleterre, fur tout le refpectable Mr. Daines Barrington, qui par fon zèle infatigable nous a communiqué un fi grand nombre de faits intéreffans fur cet objet, (comme l'on peut voir dans mon nouvel effai publié en 1777) fe font réunis avec moi dans la réfolution de fufpendre nos recherches, en attendant que nous trouvions la folution de cette queftion importante, dans les relations qui devoient arriver dans peu du Capit. Cook, dont le nom eft devenu juftement célèbre par deux voyages autour du monde, & les relations excellentes qu'il nous en a données. Nous les attendions avec la plus grande impatience. Je ne doutois pas que dès que vous les auriez reçû, vous ne defiriez de favoir mes idées là deffus, & je ne me fuis point trompé.

Quoique ces relations renferment bien des chofes très-intéreffantes, je ne faurois cependant répondre à l'invitation honnête des perfonnes qui defirent que je publiaffe un mémoire à ce fujet.

Je ne m'arrêterai pas ici au mémoire, que j'ai donné en 1779 sur la navigation, de 4 feuilles, avec une carte dressée avec l'attention la plus scrupuleuse & bien exécutée, dans laquelle se trouve quelque chose sur le sujet en question, & que je ne pouvois pas prévoir alors. Je passe d'abord aux nouvelles relations que je reçus du voyage de Cook, en même tems le 21 de Janvier une du susdit Mr. Barrington, & l'autre dans la gazette de Leyden; elles different peu entre elles pour les choses essentielles; je préfere cependant la premiere; mais si elle renferme des faits qui ne se rencontrent pas dans l'autre, je ne ferai pas moins usage de cette relation, aussi longtems qu'elle ne se trouvera pas contraire à la vraisemblance ou à d'autres relations, d'après les principes établis au commencement de mon premier ouvrage, dont je ne m'écarterai jamais.

Je m'apperçus avec un très-grand plaisir, que cette relation s'accordoit presque en tout avec les hypotheses que j'ai soutenues; elle roule d'ailleurs sur des découvertes neuves & certaines, où je suis si éloigné de trouver quelque chose qui puisse être interprété à mon désavantage, que mes conjectures (que Mr. Busching voudra bien ne pas appeller des suspicions, puisqu'elles tournoient à la gloire de Mr. Cook) se sont trouvées assez bien justifiées par le dernier voyage de ce célèbre navigateur.

Je soutins déjà en son tems, même en Angleterre, que le projet d'envoyer un vaisseau pour faire des découvertes du coté de N. O. & se joindre au C. Cook, qui devoit venir à sa rencontre par le N. E. ne serviroit qu'à prouver qu'il étoit impraticable. J'ajoutai que Mr. Cook ne manqueroit pas de visiter, en partant d'Ota-hiti, les côtes occidentales pour trouver ce passage, & que voyant que le succés ne répondoit pas à ses espérances, il emploieroit ce tems à la découverte des Isles, des côtes & d'un passage du coté du N. par la mer glaciale en Europe, autant que la raison le permettroit, & que ne la trouvant plus favorable, il passeroit l'hiver à environ 50 degrés de latitude, pour continuer ses découvertes au retour du printems. Si ces conjectures se sont trouvées parfaitement d'accord avec les relations de Mrs. Cook & Clarke, je démande à tout lecteur impartial, si elles méritent sa critique & blâme, ou son admiration même.

J'eus donc lieu d'être bien furpris de l'appendice malhonnête, où fans citer les paffages ou je dois m'être trompé, & fans preuves, on m'accufe d'avoir avancé des erreurs, fans citer en quoi, & même fait un défi en général fur mon opinion qu'il n'indique pas, fans réfléchir que cette controverfe, fur un tel pied pourroit tourner au défavantage de l'auteur de cette appendice, qui s'eft déjà oublié par des remarques & des expreffions outrageantes dans fon journal & furtout de 1777. pag. 185 -- 201 & d'autres, que je croyois devoir méprifer alors, d'autant plus que tout lecteur impartial pouvoit trouver la réfutation la plus évidente en parcourant mon nouvel effai allemand de 1777, & furtout l'introduction ; au lieu que cet auteur affiche d'un bout à l'autre un oubli abfolu des régles de l'humanité, dont il ofe m'accufer, & dont perfonne que lui ne peut me foupçonner, quoique cette imputation n'ait produit d'autre effet que de m'obliger de vous donner du moins, Monfieur, les éclairciffemens néceffaires pour fauver mon honneur offenfé.

La gazette françoife de Leyden renfermoit l'article de la rélation de Mr. Cook par Mr. Bufching ; celui-ci l'avoit de même inferée au N°. 2. de fa rélation de 1780, fans y changer la moindre chofe, mais en y joignant un poftfcriptum conçu en ce peu de mots :

" Que dira Mr. Engel pour juftifier la pofition qu'il a affignée au
„ détroit entre l'Afie & l'Amérique ? accufera-t-il auffi les Anglois d'im-
„ pofture ? " Si fon but n'avoit pas été d'avoir à mon égard un procédé équivoque & injurieux, il fe feroit du moins expliqué fur le fens qu'il attacha à ce mot de *fituation* ; la relation de Mr. Cook fera voir, fi je me fuis fi fort trompé dans mes conjectures ; mais je me trouve dans la néceffité de me défendre contre des imputations auffi malignes, & de deviner de quelle fituation leur auteur veut parler ; je dis, leur auteur, parce que je ne faurois douter de la vérité des faits rapportés par Mr. Pallas, ni admettre le moindre foupçon que ce favant pour lequel j'ai toujours eu la plus haute éftime, ait voulu porter atteinte à mon honneur, ne lui ayant jamais donné le moindre fujet pour cela.

Voici les circonftances au fujet de la fituation du détroit :

1°. La longitude d'un méridien à l'autre, ne fe trouve point dans la relation de Cook, & Mr. Barrington dit en termes clairs : " Mr. Cook
„ étoit à 70°. 20'. (l'autre relation dit 70°. 40. même 70'. 45'. ce qui

„ fait un très-petit objet) de latitude septentrionale, mais il ne dit rien „ de la longitude, & renvoye le lecteur à son journal." Quand même il eût fixé un degré de longitude, qui ne se fut pas trouvé conforme à mon sentiment, on n'auroit pas pû m'imputer cela comme une faute grossiere, puisque les géographes s'accordent très-peu là-dessus, & que même les ouvrages de géographie Russes se trouvent presque toujours dans ce cas depuis celle de 1754 jusqu'à la derniere. Il ne s'agit donc pas de cela, m'étant assez clairement expliqué là-dessus dans mes ouvrages imprimés.

2°. Les côtes de l'Amérique. Les Russes n'ont jamais été aux côtes septentrionales, dont j'ai établi des le commencement la proximité & l'étendue; on n'a qu'à voir l'appendice de la traduction de mes relations géographiques p. 100, & mes ouvrages postérieurs. Je m'en rapporte toujours aux cartes des Espagnols, la seule nation capable de donner des notions justes des côtes mériodales & occidentales de l'Amérique septentrionale, les ayant connues & parcourues depuis le seizième siécle. On m'a imputé comme une erreur grossiere, de n'avoir pas préféré les mauvaises observations faites au Kamtschatka, qui devoient déterminer la longueur de l'Asie, & par la me mettre hors d'état de prouver qu'il a jamais existé une Amérique septentrionale.

Je n'étois pas plus en état que les Russes de donner une idée détaillée de ces côtes; la carte que j'en ai donnée, offre ce qu'on en sait. Il n'y a la dessus de relation juste que celle de Mr. Cook, que je préfere à toutes les cartes Espagnoles même, pour ces côtes occidentales, je m'en tiens à elle en rejettant toute autre, sur tout la derniere des Russes.

3°. Est ce l'entrée septentrionale du détroit? je m'en rapporte encore à la relation de Mr. Cook, qui contredit en tout celles des Russes. L'extrémité de l'Amérique doit se trouver comme l'on a établi ci-dessus à 70°. 20' ou 45'. Il est bien vrai que les géographes ne sauroient rien déterminer de positif; jusqu'à présent on n'en avoit nulle connoissance; mais le principal sujet de la controverse étoit ce cap immense, qui devoit prouver l'extrémité de l'Asie du coté de N. E. & quand même Mrs. Muller & Busching ne voudroient pas abandonner leur hypothese, je ne persisterai pas moins à rejetter leur situation comme évidemment contradictoire.

Mr. Muller ne ceffe de répéter, que les Côtes feptentrionales ont été fouvent vifitées, fur tout dans le fiécle paffé, que deux bâtimens des fept qui furent armés en 1647, arriverent dans le Détroit de Kamtfchatka. Il auroit même pu en citer trois, le premier ayant fait naufrage à l'entrée du Cap; un autre s'étoit chargé de fa cargaifon; un fecond commandé par Defchneuw (duquel nous tenons toutes ces relations) avoit fondé Anadirskoi; & le troifiéme avoit débarqué à Kamtfchatka, ou plufieurs perfonnes de l'équipage fe font établies & mariées. Mr. Muller auroit même pu parler de la proximité de l'Amérique, dont les habitans fe trouvent fouvent en guerre avec les Tfchutski, chez lefquels les Ruffes même en ont vû plufieurs prifonniers; je me fervis des relations de Mr. Muller pour inférer dans l'appendice du difcours préliminaire de mes premiers mémoires, ce qu'on en favoit alors, & qui s'accordoit affez avec les cartes dreffées par les Efpagnols; je m'attendois même là-deffus, à de nouvelles découvertes, au lieu que Mr. Muller lui même & tous les auteurs Ruffes pafferent fous filence fa premiere relation, comme fi elle étoit erronée. Nôtre controverfe fubfiftoit toujours au fujet des autres Côtes d'Afie & des Caps tant multipliés, & bien loin de préparer des triomphes à Mrs. Muller & Bufching, elle en a fait voir les erreurs de la maniere la plus évidente.

Toutes les cartes dreffées par les géographes les plus habiles, comme H. Moll, Bellin, G. de Lille, Vaugondi, d'Anville, Anonyme, Carte Ruffe, Strahlenberg, Kirilow, Gmelin, Hafius & Muller même, different fi fort entre elles, que ce dernier ayant créé le Cap Schalazki, les uns placerent fa bafe ou pied au 72, de là au 73º. 74$\frac{1}{2}$, & jufqu'à 75 degré; par conféquent lui donnent 40 à 60 lieues de longitude, fur 10 de latitude, ce qui ne s'accorde ni avec les relations ni avec le bon fens. J'ai omis ce Cap, en foutenant qu'il doit être plus approché du Sud, qu'il n'eft pas à beaucoup près auffi grand qu'on le prétend, & qu'on n'en puiffe déterminer l'étendue, quoique Mr. Muller même le foutient, malgré les Promifchleni du Kolima, qui felon le témoignage même de Mr. Muller, le doublent depuis plus de 40 ans & font un commerce très-confidérable, en Amérique, aux isles & fur le continent, ce qui leur a valu de grands avantages accordés par l'Impératrice glorieufement regnante. On en a même des cartes affez négligemment dreffées.

Les choses en resterent là, jusqu'à ce que Mr. Busching publia dans son journal de 1777. p. 202 &c. sa relation de la carte de l'Académie-Impériale de 1776, & comme elle s'accordoit très-mal avec celle de Mr. Muller, il l'excusa, en disant qu'il avoit suivi des cartes & des desseins différens de ceux dont l'Académie s'étoit servie, sans prétention à l'infaillibilité. Le combat dans lequel il ne cesse de s'engager avec moi, prouve absolument le contraire; aussi s'étoit il vû dans la nécessité d'abandonner sa these, & d'en témoigner son chagrin, en disant: " Mr. „ Engel verra avec bien du plaisir, qu'on a si fort reculé ce Cap," (on l'a non seulement reculé sur le coté occidental de cette petite Côte, sur quoi on peut voir mon nouveau mémoire françois de 1779.) Il conclut donc, guidé par son admirable logique qu'il ne faut pas oublier, " puisque la grande carte a retiré son Cap du coté de S. & du O. " Mr. Engel ne manquera pas de faire avancer ses Russes vers l'orient;" voilà donc ce grand Cap absolument effacé, & l'auteur adopte enfin du moins pour cet objet mon sentiment, qui n'étoit point, comme il prétendoit, un méchant soupçon, mais une conjecture établie sur des faits; mais comme on veut prouver par la relation de Mr. Cook, que je me suis laissé entraîner dans une erreur grossiere & évidente, la chose vaut bien la peine que je m'y arrête un instant.

Mr. Busching donne au public dans la troisiéme feuille de cette année 1780, une relation nouvelle, corrigée & augmentée de Mr. Cook, (aussi sous le nom de Mr. Pallas) ou il nous apprend, que ce célèbre navigateur étant arrivé dans le mois d'Aoust 1778. à 70° 45' de latitude & 108° de longitude, " il se trouva tout-à-coup entouré de glaces, non „ sans danger de s'y trouver absolument enfermé; qu'il eut cependant „ le bonheur de s'en dégager, & trouvant la mer du coté du Nord couverte de glaces, il cingla contre l'O. pour se porter du coté de la Sibérie; Il atteignit cette côte à 68°. 55' de latitude, & 180° de longitude, mais n'y trouvant encore point de passage, il reprit la route „ d'Unalaschka, qu'il trouva au 53°. 55' de latitude & 192°. 30' de „ longitude, *ainsi plus au S. O. qu'aucune carte ou relation Russe ne „ place cet endroit, &c. & qu'il se proposoit de tenter l'année suivante „ une nouvelle entreprise du coté du N.*

„ On dit la même chose du Cap. Clarke, qu'encore le 4 Juin 1779.
„ il étoit dans l'intention & prêt à rentrer en mer, *dans le dessein de*
„ *faire une nouvelle tentative du coté du N.*" de tout ceci l'auteur conclut, que cette relation n'est point favorable au système de Mr. Engel, mais bien à celui de Mrs. Muller & Busching. Je prie donc Monsieur de vouloir bien s'arrêter un instant aux réflexions suivantes:

1°. Mr. Cook se dégagea aisément des glaces, & navigua sans obstacle de 70°. 45' de latitude, & 198° de longitude de jusqu'au 68° & 180½°. J'ai presque partout, par complaisance pour Mrs. Muller & Busching, placé la côte de Sibérie à 70° & même 72° de latitude. Mr. Muller la place presque partout à 73°, & même ci-dessus le grand Cap à 75°, & Mr. Cook de 68 à 69, & par conséquent anéantissant le grand Cap de 71 à 75 ; ainsi tout ce système de ce cap se trouve encore anéanti, même sans le secours peu nécessaire de la grande carte nouvelle: comment ose-t-il donc soutenir que ceci n'est pas favorable à mon opinion, & me provoquer au combat?

2°. Il soutient l'impossibilité du passage, à cause des glaces, quoique Cook ait passé 18 degrés de longitude, sans que les glaces l'aient empêché de passer & de repasser.

3°. Si je n'étois pas accoutumé à trouver dans les relations de Mrs. Muller & Busching les contradictions les plus évidentes, je serois encore plus étonné de lui voir prouver l'impossibilité du passage par les glaces qu'on y rencontre, pendant que la même rélation nous annonce l'intention de Mr. Cook de faire une nouvelle tentative l'été suivant, & qu'après la mort de celui-ci Clarke étoit prêt à l'entreprendre le 4 Juin 1779; ne faut il pas être privé du bon sens pour soutenir ces deux choses en même tems? Mr. Cook, qui étoit sans contredit à tous égards le navigateur le plus expert, le plus intelligent, & le plus propre à réussir dans le projet de ces découvertes, & Mr. Clarke, qui sous la conduite d'un tel homme n'a pas dû devenir moins habile, qui ont été seuls sur les lieux, sont donc les seuls qui puissent décider si la glace rend le passage impossible ou non. Ce que Mrs. Muller & Busching soutiennent de la navigation entre le Kolima & le détroit, &c. ils n'auroient certainement pas formé le projet de s'exposer à un danger évident, en voulant tenter le passage, inconnu à tout le monde, par la mer glaciale depuis

puis le détroit jusqu'en Europe; c'est donc l'auteur qui se trompe; j'étois donc plus en droit de m'écrier que lui : que dira maintenant Mr. Busching de la prétendue position du détroit? Tout autre que cet auteur se seroit bien gardé de me provoquer à cette occasion, & de me désigner à la face de l'univers comme un homme qui se plaît à soutenir des erreurs, reconnues telles par lui même.

Quoique tout lecteur impartial soit convaincu de cet injuste procedé de Mr. Busching, il n'en est pas moins vrai que: *calumniare audacter, semper aliquid hæret.*

Je ne desirois rien de plus que de pouvoir abandonner toute cette controverse au jugement du lecteur, sans m'en occuper d'avantage, comme étant entiérement opposée à ma maniere de penser en ami des hommes, si cet auteur, après un silence de trois ans, n'eut pas saisi cette occasion pour chercher à me déshonorer par de fausses imputations ; ce n'est ni desir de vengeance, ni l'effet d'un amour propre excessif, encore moins la foiblesse de me louer moi même. Mais l'obligation imposée par la nature à tout honnête homme de defendre son honneur, autant que sa vie, qui me met dans la nécessité d'alléguer des faits, qui pourroient faire paroitre mon caractere dans un jour absolument opposé à celui dont il a plu à mon adversaire me dépeindre aux yeux du public.

La lettre de Mr. Muller est datée du 24 Oct. de 1773. Mr. Busching auroit du, comme il l'avoua ensuite lui même, la faire imprimer sans quelques changemens; mais *factum infectum fieri nequit;* Mr. B. ne voulut point suivre l'avis que je lui ai donné, de faire confirmer la foible excuse dont M. Busching avoit cherché à le disculper, & d'assurer le public, " que son ami s'étoit exprimé d'une maniere conforme à la vérité & à son „ sentiment; " car ce n'est point Mr. Muller qui parle, quoique Mr. Busching montre par tout un attachement aveugle pour cet auteur, qui est toûjours maitre de la désavouer ; mais aussi ne pouvoit-il trouver mauvais, que moi ne voulant pas sacrifier mon honneur, j'aye établi mes principes dans mon nouvel essai ; ce qui porta Mr. Busching à s'oublier à mon égard par les imputations & les expressions aussi odieuses qu'injurieuses; en accumulant ses torts, il m'oblige à mon tour de me purger de toute espèce de soupçon, en me donnant des louanges, qui répugnent d'ailleurs à ma façon de penser.

C

La calomnie groffiere, où il m'accufe dans fa lettre d'être animé d'une haine injufte contre la nation Ruffe, & de rejetter toutes leurs relations & cartes, eft évidemment contraire à la vérité.

Lorfqu'il parla de moi, fon expreffion eft, de me traiter comme un homme naturellement & malignement foupçonneux, dans l'efpérance de ternir mon caractere, naturellement éloigné de toute efpèce de foupçon.

Je ne faurois fouffrir de me voir taxé partout d'un tel foupçon; mon cœur a de tout tems été incapable de cette baffe malignité, qui accufe les gens fans fondement. Quel homme de la plus baffe claffe fupporteroit patiemment un dementi auffi formel, que celui qu'on a ofé me donner, quoique j'aie prouvé dans tout le cours de ma vie un attachement

---

Note : Il faut un peu expliquer les mots allemands, parce qu'on n'en a pas en françois qui difent précifement la même chofe : un *conjecture* n'eft pas offenfant, mais honorable pour celui qui s'en fert, fans laquelle on ne parviendra jamais à reuffir dans les découvertes, vu qu'on n'a pas des faits prouvés pour tout ; il faut donc avoir recours aux conjectures les mieux fondées, en connoiffant diverfes relations & en formant une la mieux accordante, jufqu'à ce qu'il fut prouvé autrement par des bonnes relations, & non d'autorité privée ; ce qui m'a réuffi fouvent, entre autres pour éliminer ce cap énorme de la création de Mr. Müller : le fecond eft *foupçon*, ce qui n'eft pas fi favorable comme le précédent, mais n'attaque pas l'honneur ; mon idée ferme étant que l'Amérique fera telle en longitude comme les Efpagnols l'ont pofée, les feuls qui peuvent en parler par expérience, eux feuls ayant parcouru pendant prés de deux fiécles l'Amérique & les côtes ; par contre donc l'Afie trop étendue ; (auffi King veut que l'Amérique doit être étendue de 15 degrés plus vers l'Oueft ;) j'ai donc un foupçon que les Ruffes l'ont trop étendue par erreur ou autrement ; le troifième, en allemand *Argwohn*, eft toute autre chofe : *Wahn*, eft une opinion arbitraire, la plupart fauffe, & *Arg* partout où il eft employé, fignifie méchant, malicieux, malin ; qu'on juge combien en accufant par les mots combinez, on bleffe l'honneur de quelqu'un en lui attribuant un mauvais cœur ; j'y mettrai en fa place le mot de fufpicion, quoique cela n'indique pas tout ce qu'il fignifie, du moins comme Mr. B. dit : que je fuis un tel de mon naturel ; je ferois très blamable, fi je le fouffrois patiemment : il en eft de même des expreffions de Mr. M. qui ont excité cette guerre literaire, le mot *injuftice* n'eft pas facile à déterminer ; an allemand l'un des mots qui font rendus par celui-ci, n'eft pas injurieux ; & ne veut dire fi non, il a tort, il fe trompe ; & Mr. B. lui a donné cette explication : mais celui qu'il a employé eft *injurieux* au poffible : ceux qui s'en fervent obtiendroient une fatisfaction complète du juge competent ; fur tout Mr. M. pour faire connoitre au lecteur, que c'eft dans ce fens qu'il l'employe, l'a fait précéder de *manifefte* injuftice ou iniquité, ainfi en étant convaincu lui même ; encore pour le renforcer, le faifant fuivre par, & *fauffes imputations*, que chacun juge, fi j'ai pû me taire : encore apprenant par Mr. B., que je ne demandois point d'autre fatisfaction que celle, qu'il approuve l'explication de Mr. B. ; non je devois révoquer ma défenfe, fans qu'il révoquât, ou même expliquât fes injures.

invariable pour la vérité. Ne me rendrois je-pas par mon silence méprisable aux yeux de tout l'univers? cependant j'étois réfolu de ne plus écrire avant cette provocation auffi malhonnête que peu réfléchie, où l'auteur redouble fes efforts pour me déshonorer, ce qui m'impofe un devoir dont je ne m'aquitte qu'avec repugnance, de vous rapporter, Monfieur, des faits auffi connus généralement que propres à faire paroître mon caractere dans fon vrai jour.

Pénétré & guidé par des fentimens d'humanité, je ne me fuis vengé que par des bienfaits des offenfes, dont j'ai pourtant rarement eu fujet de me plaindre.

Quoique fouvent furchargé d'affaires d'état, je n'ai perdu aucun inftant où je pouvois être utile à mon prochain; les exemples que j'en citerai, ne feront tirés ni de ma conduite particuliere; ce qui ne s'accorderoit point avec ma modeftie; ni des affaires du gouvernement; je ne rapporterai que des traits qui prouveront à tout homme impartial, mon caractere d'ami des hommes.

Etant de retour en 1754 de mon premier Bailliage de la ville & comté d'Aarberg, je cherchois à me lier avec des membres de l'Etat auffi habiles que portés à entreprendre de concert des chofes utiles. Nous entreprimes en nombre de fix (le grand Haller en étoit) dans le projet de travailler enfemble à l'établiffement d'une maifon d'Orphelins. Sans nous laiffer rebuter par la réfiftance que nous rencontrâmes, nous parvinmes enfin à faire goûter nos raifons. Vingt ans furent fixés pour faire l'effai de cet établiffement, qui devoit pouvoir être rejetté au bout de ce tems, en cas qu'il ne fût pas poffible de lever les difficultés qui pourroient fe préfenter. Les fix auteurs furent chargés de la direction. Lorfque la queftion fût portée après 20 ans devant le Confeil-Souverain; cet établiffement bien loin de rencontrer des difficultés, fut adopté avec un applaudiffement général.

Le même motif me porta à m'appliquer à l'économie rurale, & à l'améliorer par tout, le plus que poffible; de concert avec un de mes amis, réunis nous nous affociames d'autres Patriotes, pour fonder en 1759 une Société-Économique. Je fis imprimer un effai pour avancer la culture des pommes de terre, & auffi pour celle des bleds, lorfqu'en 1768 une grande difette de cette denrée fe fit fentir dans notre pays.

Me trouvant alors chez mon gendre Baillif à Nion, une des villes les plus anciennes de l'Helvétie, les habitans de ce pays tirerent un grand parti des inftructions que je leur donnai fur l'agriculture. Je me croiois affez recompenfé par les fuccès de mon zèle, lorfque je fus agréablement furpris la veille de mon départ, par l'arrivée de deux des premiers Magiftrats, députés du confeil, pour me remercier au nom de ce corps refpectable, des foins dont je m'étois occupé, en me préfentant une médaille d'or faite pour ce fujet par un habile graveur, dont un coté offre les armes de la ville de Nion avec l'infcription: *in fignum gratitudinis & reverentiæ civit. Nevidunenfis*; le revers les inftrumens & les troupeaux, champs, prés, abeilles, arbres, &c. & un cultivateur qui s'occupe de tout cela, avec l'infcription: *Alter Triptolemus nobis hæc otia fecit;* & l'exergue, *Sam. Engel, urbæ & fcalæ præfecto.* Cet événement me toucha d'autant plus fenfiblement, qu'il étoit l'effet d'une reconnoiffance fincere & non de la flatterie.

ADDITION DE M. D.

En 1763 j'eus occafion de voir Mr. E. à Echallens en qualité de Baillif: nous raifonnames entre autres fur l'économie rurale, il me fit voir les améliorations qu'il avoit faites, & continuoit de faire, que j'admirai, & augmenta chez moi le defir de m'y appliquer.

Je lui demandai ce que c'étoit que la Société-Économique établie à Berne; voici ce qu'il me dit: au commencement de Dec. 1758. Mr. Tfchiffeli vint me voir & comme par difcours, déplora qu'en Suiffe on négligeoit cette économie au lieu d'établir une Société-Économique comme on l'avoit fait ailleurs avec un grand fuccès: quel bien immenfe & général ce feroit pour tout le pays, &c. je l'approuvai & appuyai fes idées: c'eft ce qu'il cherchoit; il me dit qu'il avoit deffein de le tenter, pourvu que je voulaffe l'y aider; je le refufai à caufe de mes nombreufes occupations dans les affaires d'Etat; ne pouvant rien gagner fur moi, il dit: hé bien, fi vous ne voulez pas, je vous jure fur mon honneur que j'abandonnerai ce deffein & n'y reviendrai plus: mettez la main fur la confcience; ne ferez vous pas alors la caufe que tout ce bien immenfe feroit perdu pour notre pays, vous qui ne cherchez que le bien général & le plus étendu? cela me gagna, & je me rendis : sur quoi elle fut établie; & vous pouvez lire l'histoire de cette institution, dans la préface du Tome III. des mémoires de cette Société an 1762.

Etant de retour chez moi, je le fis, & y trouvai entr'autres, sur l'institution de la Société; & sa première base ; " son choix (de Mr.
„ Tsch.) tomba sur Mr. Engel, alors ancien Baillif d'Arberg, aujour-
„ d'hui Baillif d'Echallens, le premier Président de cette Société nais-
„ sante, si digne de nos respects par son désintéressement patriotique &
„ par son zèle pour le bien public. "

Il y est nommé le premier, à cause de cette circonstance ci-dessus, & avec ces épithetes les plus honorables possibles ; aucun n'a eu cette faveur d'une épithete quelconque ; quel honneur! quel témoignage authentique d'une société respectable, qu'il ignoroit avant la publication de ce volume !

En relisant ce que Mr. Engel rapportoit sur la part qu'il eut à l'établissement de cette société, je me souvins de tout ceci, & fus de nouveau très-mécontent de sa trop grande modestie, qui le faisoit supprimer cet article, ces circonstances, par laquelle il péchoit contre son honneur, en omettant ces particularitez, qui prouvent sans contredit, combien un homme zèlé pour le bien public, est éloigné d'être naturellement porté à une suspicion maligne & générale, qui est le partage d'un esprit pervers ; & méprisé de tout le monde je n'ai donc pû m'abstenir d'y joindre ce passage si important.

Je fus élu en 1760 Baillif d'Orbe & d'Echallens. Tout le monde me prédisoit une longue suite de désagremens, parce que ces deux endroits obéïssant aux deux Cantons, Berne & Freybourg, alternants dans la nomination du Baillif, qui est toujours élu dans le Canton qui ne gouverne pas. Le loüable Canton de Freybourg, de même qu'un tiers des habitans d'Echallens, se trouvant attachés à la réligion Catholique romaine, tout le monde craignoit que ces habitans ne trouvassent un accès trop facile auprès du Souverain, attaché au même culte contre leur Baillif; j'étois d'autant plus inquiet, que je ne connoissois qui que ce soit à Freybourg. Mais je demeurai fermement attaché à mes principes, & je me trouvai plus en faveur auprès de mon Souverain d'alors, qu'aucun de mes prédécesseurs ne l'avoit été ; on disoit même à Berne que j'étois l'enfant gâté de LL. EE. de Freybourg. L'on me craignoit en même tems, parceque ma bonté étoit l'effet de mes principes & non de la foibleffe, mais on m'aimoit encore d'avantage, fans excepter les habitans catholiques & leurs pafteurs. Il n'y a que quinze jours que je reçus la vifite de quelques uns de ces Meffieurs, qui témoignerent une grande joie de me voir, me rappellant après quinze ans le bien que j'avois fait à leurs perfonnes & à leurs compatriotes; la fatisfaction la plus noble pour tout homme, qui ne connoit de plus grand plaifir que d'être aimé & eftimé de tous ceux qui connoiffent fes vrais fentimens.

Lorfque je pris poffeffion de ce Bailliage, j'étois en correfpondance avec plufieurs Patriotes favans de différens Cantons de la Suiffe; un des principaux fujets de ces entretiens étoit de trouver un moïen d'établir une union étroite qui joignit toutes les Républiques de nôtre pays en un feul corps politique; c'étoit de réunir en fociété les hommes de tous ces différens états, qui feroient les plus propres par leurs lumieres & leur patriotifme de cimenter cette harmonie. On convint en 1760 qu'ils fe raffembleroient tous à Schinznacht, comme à peu près le centre de la Suiffe allemande, pour délibérer fur les mefures les plus propres à établir cette fociété, ce qui fut exécuté, quoique des obftacles m'empêcherent d'y affifter moi même.

Dès que le plan de la fociété fût dreffé, on en élut les premiers membres, en commençant par ceux de Zurich; lorfqu'on en choifit parmi les Bernois, j'y fus compris quoiqu'abfent avec un applaudiffement général. Je n'en parlerois pas ici, parceque je n'aurois pas cru, que cet établiffement fût connu hors de la Suiffe, fi je n'avois été convaincu du contraire, à la lecture d'un ouvrage allemand, qui a pour titre: *Materialien* p. 30; ce qui m'engage à citer ce fait, fans y être porté par l'ambition ou l'amour propre, dont on fera d'autant plus convaincu, lorfqu'on voudra fe rappeller que je n'ai point placé mon nom à la tête de mes deux principaux ouvrages, *population de l'Amérique* & *mémoires géographiques*, ni à la tête de plufieurs autres moins confidérables.

Il y a déjà quarante ans que mon nom étoit très-connu en Allemagne. J'étois alors premier Bibliothécaire. Je me trouvois en correfpondance avec plufieurs favans; je faifois une collection confidérable de livres les plus rares, & j'avois compofé à ce fujet un catalogue critique.

Je n'étois pas moins connu en Angleterre, où l'on fit en 1752 tant de cas d'un petit ouvrage Msc. que je communiquai alors, sur la découverte proposée, qu'on résolut, sur tout Lord-Anson, de tenter l'exécution de mon projet, ce qui arriva en partie l'an 1772. Mes mémoires y étoient alors plus répandus que jamais; on se rappella à leur occasion, ceux que j'avois composé en 1752, & l'on agita derechef la question sur le passage du Nord. Mon idée étoit, qu'on devoit tenter ce passage par le N. E. pendant qu'un autre parti qui l'emporta, conseilla la route de N. O. & contre le pole.

Je fus sollicité par des lettres de Londres d'y envoyer mon portrait, qu'on voulut faire graver, sans que j'entrasse dans les moindres fraix, ce que j'ai toujours refusé le trouvant contraire à la modestie. La même demande fût réitérée depuis d'autres endroits, & refusée de même. Mr. Lavater de Zurich insista enfin si fort, & fut soutenu d'une maniere si pressante par nos amis communs, que je me rendis à la fin, prévoyant que sans cela ces sollicitations ne cesseroient jamais. Je ne sus alors autre chose, si non qu'il vouloit s'en servir pour son ouvrage Physionomique. Lorsque cette production étonnante parut, on me dit qu'on y faisoit une mention très-avantageuse de moi; mais lorsque j'en fis la lecture, je ne pus y voir mes louanges excessives sans une espèce de consternation, qui me fit repentir d'avoir si aisément consenti de donner mon portrait. Je n'en donnerai point ici une copie au lecteur, qui pourra s'en convaincre en lisant p. 335 du III. T. grand 4to. Je ne parle de cet évènement, que pour faire voir combien je suis loin de mériter l'imputation odieuse d'un caractere soupçonneux.

Quoique Mr. Muller ne paroisse pas faire grand cas de mes connoissances géographiques, & que Mr. Busching appuie ce sentiment de tout son pouvoir, ce dernier pensoit & parloit bien différemment autrefois, lorsque je lui ai communiqué à ce sujet plusieurs idées nouvelles. Il s'étendit beaucoup dans ses relations de 1774. p. 273, sur mon zèle dans la recherche des faits intéressans. Je ne doute pas que Mr. Muller n'ait un avantage aussi bien sur moi, que sur bien d'autres auteurs, c'est d'avoir pu fouiller dans les archives; mais il a publié ces piéces, & j'ai pu m'en servir aussi bien que d'autres. Il n'a visité la mer orientale aussi peu que moi que lorsqu'il se donna pour officier Russe; par contre il faut que Lord-Anfon voulant exécuter cette expédition en 1752, avec d'autres membres de l'amirauté, ayent eu des idées plus honorables à mon fujet, & Mr. de Bougainville, qui non feulement à fait le tour du monde, & commandant aujourd'hui une efcadre, nous fait concevoir de grandes efpérances de fes talens & de fon expérience, a fait pourtant demander mon idée fur le paffage par la mer du N. ayant trouvé mes idées bien fondées, les ayant auffi approuvées. On a enfin trouvé bien des chofes importantes dans la relation de ces voyages, compofée par un anonyme, édition de Mr. de Freville. On a fait encore depuis cette époque de nouvelles découvertes. Pourquoi n'ajouterois je pas plus de foi à des navigateurs auffi célèbres que les deux premiers, qu'à d'autres qui ne favent que critiquer tout ce qu'ils trouvent ailleurs ? Je vous prie, Monfieur, très-inftamment de ne pas trouver mauvais les louanges que je me donne moi même.

Vous ferez bien étonné, Monfieur, qu'après que vous avez, dites vous, commencé à mettre ma lettre fous preffe, j'y ajoute ce poftfcriptum, qui ne pourra que vous être agréable.

Après que le refpectable Mr. Daines Barrington m'eut communiqué la premiere relation authentique de cette partie des voyages du Cap. Cook, je le priai de continuer à m'inftruire de ce qu'il apprendroit encore à ce fujet, le regardant comme le feul homme capable de m'apprendre quelque chofe de pofitif, qui ne fut pas mêlé d'erreurs. Je n'en reçus point de nouvelles jufqu'au 9 Juin dernier. Les regardant comme très-importantes, auffi propres à confirmer les principes & les faits que j'ai établis qu'à faire rougir Mr. Bufching, fi quelque chofe en étoit capable, je ne faurois me difpenfer de vous en donner un petit extrait.

Au lieu d'une nouvelle relation qu'on n'a point reçue du depuis, puifque celle de Mr. Clarke n'eft pas encore arrivée, Mr. Barrington m'envoya un crayonnement fur la même queftion agitée par Mr. Bufching, fur mon fentiment au fujet de la fituation déterminée par Mr. Cook, en foutenant comme une chofe évidente que je m'étois trompé, pendant que je n'ai ceffé de répéter, que je n'ai jamais rien foutenu de contraire à la relation de Mr. Cook. Ce deffein s'accorde fi bien avec mes fentimens, comme fi j'en étois moi même l'auteur. Voyez ce que j'en dis à l'occafion de la carte dans mon avis.

Mr.

Mr. Barrington avoit déjà annoncé auparavant, que Mr. Cook n'a point déterminé la longitude du Méridien de ce détroit jusqu'au *non plus ultra* d'alors. Il dit la même chose ici, en n'indiquant que la latitude, qu'il fixe pour les côtes orientales de l'Asie septentrionale à 68 degrés, où le passage est fermé souvent par les glaces. Ensuite vient le commencement des côtes de Sibérie, que Mr. Cook a commencé à visiter; elles sont suivies par une côte arrondie en dehors au 65°. où selon lui, commence le véritable détroit du Nord, jusqu'à 63°, où il s'élargit peu à peu, comme on le trouve sur toutes les cartes qui indiquent ce détroit. Il met du coté de l'Amérique, comme dans sa relation, la place où il s'est vu enfermé par les glaces au milieu d'Aouft, à 70°. 40'. Il marque ensuite autant, que le nombre de 2°. 40'. surpasse celui des côtes asiatiques, les côtes qui s'allongent vers S. O. jusqu'à 65°. & forment le vrai détroit avec les côtes indiquées vis-à-vis jusqu'à environ 53°. De là on trouve la côte en forme d'une langue de terre à l'E. s'étendant de 6°. à 8° de longitude, depuis 60° jusqu'au 51° au S. Il indique qu'on y trouve un port, ou lieu de debarquement, avec du bois & de l'eau. Cook doit avoir commencé à trouver le continent de l'Amérique au 40°, ce qui seroit à peu près dans le pays d'Albion.

Cet éclaircissement fait voir avec la plus grande évidence, la confirmation de ce que j'ai avancé sur la situation du détroit déterminée par Mr. Cook. Que diront maintenant Mrs. Muller, Busching & d'autres, qui placent un cap immense entre 72° & 74°, même 71° à 74½°, pendant que les côtes d'Asie se terminent au 68°? ils diront sans doute la même chose, que les géographes qui ne vouloient accorder une place sur leurs cartes, ni au continent d'Amérique voisin, ni au détroit, pendant que les plus habiles géographes anciens & modernes n'en ont jamais douté, & ne different entr'eux que dans le degré de l'éloignement. N'en ai-je pas toujours soutenu la proximité, & que la largeur la moins considérable de ce détroit ne s'étend qu'à 4 milles, en citant entre autres preuves, le célèbre Steller, dont tout le monde connoit l'activité, l'intelligence & l'exactitude. Puisque j'ai déjà soutenu autrefois de la manière la plus positive, la situation & la proximité de l'Amérique, & que je me trouve maintenant appuié par la relation de Cook, que mes antagoniftes louent comme la meilleure en ce genre, qu'elle raifon pouvoit avoir Mr. Bufching de me demander avec un air de triomphe, ce que j'en dirai à préfent ?

J'ai déjà fait voir ci-deffus, combien étoit mal raifonnée la conclufion de Mr. Bufching : parceque Mr. Cook s'eft vu enfermé par la glace à 70°. 40'. & que la glace femble encore empêcher la navigation à 68° des côtes d'Afie, ou de l'extrémité de cette partie du monde du coté du N. il s'en fuit qu'elle eft impoffible ; Cook n'a-t-il pas réfolu avant fa mort, & Clarke après cet événement, de tenter un nouveau voyage dans la mer du N. fans craindre cet obftacle ? On peut ajouter à cela, ce que j'ai démontré dans mes autres ouvrages, qu'il arrive affez fouvent, & ordinairement, que la glace eft pouffée dans différentes faifons fur les côtes, & repouffée enfuite dans la mer, fouvent à une très-grande diftance, fans y refter conftamment.

J'efpère que vous recevrez, Monfieur, avec plaifir ces fupplémens & relations de Mr. Barrington.

I. Esquisse d'une Carte du Cap.e Cook, copiée par M.r D. Barrington et en partie y ajouté deux indications de Longitude d'après la relation de M.r Pallas, rapportée par M.r Busching.

II. Extrait de la Carte de M.r Engel, qu'il a publiée dans son dernier ouvrage allemand en 1777, contenant le détroit d'Anian avec les pays voisins des deux côtés.

www.ingramcontent.com/pod-product-compliance
Lightning Source LLC
Chambersburg PA
CBHW062000070426
42451CB00012BA/2330